카운터 펀치

차례

온기 08
-1.5도 10
9.28 목요일 팔당카페에서 12
가을 하늘 아래에서 14
가을 16
가을이 왔다 18
강촌역에서 20
거울 22
겨울사랑 24
겨울나비 26
겨울바다 28
겨울비 오는 밤 30
겨울산 32
겨울산행 34
고독의 횡단보도 36
고민 38
고추잠자리 40
괜찮아져 42
그게 나다 44
그대를 생각하면 46
그리운 사람 48

그리움 50
기러기 52
기억의 조각 54
길고양이 56
깊은 상처 58
까만 밤 60
꿈 62
꿈 2 64
낙엽 66
너 떠나고 68
노래방 70
놀이터 72
눈 오는날 74
눈 76
눈사람 78
달팽이 80
데자뷰 82
도당산 벚꽃 84
두번째 가출 86
들꽃 88
때로는 과감해야 한다 90

러브레터	92	빨래	134
러닝머신	94	삥메이스	136
맛있는 우박	96	산들바람	138
메마른 언덕	98	산책	140
모두 빛나는 별	100	상처는 꽃이 되어	142
몰래	102	새벽 여섯시 반	144
문막에 오면	104	새벽녘	146
물	106	셀카	148
민들레씨	108	소나기	150
바람개비	110	소나무	152
종이비행기	112	소주 한잔	154
반계리 은행나무	114	술	156
배 아퍼	116	시	158
봄 밤의 풍경	118	시간의 영면	160
보름달 그늘아래서	120	시골	162
봄	122	시골밤	164
북한강 바라보며	124	시절인연	166
불씨	126	심쿵	168
비스킷	128	아기 종달새	170
비와 당신	130	아름다운 꽃	172
비포장	132	아버지	174

차례

아프지마라 176
어두운밤 178
어쩌면 180
여행 182
오늘 184
유채꽃 돌담길 186
이별 188
이빨과 피와 땀 190
입영열차 192
입추 194
있는 그대로 196
즐거운 인생 198
지평선 200
지하철 202
집밥 204
천국으로 가는 버스 206
첫사랑 208
청춘 210
총알택시 212
치킨의 유서 214
친구 216

친구사이 218
카운터펀치 220
커피 222
탄생 224
태백 크리스마스 226
터널 228
파도 230
파랑색 풀 232
평온 234
폭우 236
하루살이 238
해우소 240
행복 242
행복 2 244
행복한 사람 246
헬스장 248
호롱불 250
화목한 가정 252

이 책이 당신에게
'온기'를 전달할 수 있었으면 좋겠습니다.

온기

발걸음을 멈추고
숨을 고른다

물 한 방울이 숨을 쉬다
온기로 일어선다

힘차게 날아가다가
차가운 내 마음에 붙어

심장의 온기로
다시 따듯해진다

> 차가운 내 마음에...
> 심장의 온기로 다시 따듯해지다

-1.5도

한겨울 추운 날이 좋다
한겨울 얼음잔에 아이스아메리카노도 좋다

정신이 번쩍 드는 겨울 아침에
운동을 해도 좋다

추운 것이 따듯함을 이기고
따듯함은 추운 것을 이긴다

한겨울 그 온도는
나를 따듯하고
나를 춥게 만든다
그 -1.5도가 좋다

> 추운것이 따듯함을 이기고
> 따듯함은 추운것을 이긴다

9.28 목요일 새벽4시 팔당카페에서

귀뚤귀뚤 귀뚜라미 소리
산들바람에 흔들리는 강아지풀
꼿꼿이 서있는 소나무
흐르는 강물
빛나고 있는 가로등
여기저기 떠드는 각자의 이야기 소리
친구의 연애담

내 눈 앞의 풍경들이 아름답고
흘러나오는 음악마저 감미롭다

저 멀리 자전거 하나 지나가는데
표지판이 보인다
지나가지 마시오

> 내 눈 앞의 풍경들이 아름답고
> 흘러나오는 음악마저 감미롭다

가을 하늘 아래에서

하늘을 보면 웃음이
너의 얼굴을 보고 또 웃음짓는다

걷는 사람 뛰는 사람
차를 타고 가는 사람

제각각 이지만

각자의 그늘 속에서
밝게 숨쉬고 있다

가을 하늘 아래서
나도 빛나고 있다

> 하늘을 보면 웃음이...
> 가을 하늘 아래서 빛나고 있다

가을

아름다운 향기와
아름다운 울림과
아름다운 소리로
가을이 말했다

내 차례라고

> 아름다운 향기, 울림, 소리
> 가을....

가을이 왔다

너의 생각이 나는 가을이
외롭고 쓸쓸한 가을이

낙엽 위에 서서 온전히
가을을 느끼련다

구둣발에 은행잎 치이는
너의 생각에 치이는
가을

"
너의 생각에 치이는
가을
"

강촌역에서

스무살 우연히
친구따라 갔었던
구 강촌역
철길 따라 강물 따라 추억에 잠긴다

2008.9.4일,
철이와 순이 다녀감

시간은 붙잡을 수 없지만
추억은 내 마음 속에 붙잡혀서
단풍처럼 물들어 간다

> 철이와 순이 다녀감.

거울

내가 너희 집에 거울이었으면 좋겠다

매일매일 그녀가 나를 보게,

매일매일 내가 너를 비춰주게

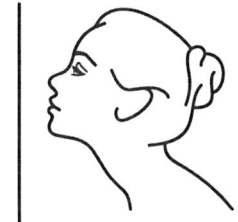

"

그녀가 나를 보고
내가 너를 비춰주는

"

겨울사랑

한겨울 차가운 그 눈동자 위에 피어나는 사랑
서리 핀 겨울 발자국 위엔 따스한 아지랑이가

내 얼굴 보다 고운 너의 얼굴은
나이가 들어도 솜사탕같이 곱다

입김을 불어 하얀 뭉게구름 하늘까지 닿는다면
맑은 하늘 너와 함께 바라볼 수 있다면

그녀와 평생 함께 가 볼 생각이다

"

나이가 들어도
솜사탕 같이 고운 너

"

겨울나비

한겨울 햇살에 나비가
봄인줄 알고 태어났다

꽃밭을 나는 듯
눈밭 위를 나는 나비

나에겐, 오늘이 청춘입니다

> 오늘이
> 청춘입니다

겨울바다

어두운 밤 바닷가 걸으며
우리 오래오래 함께하자
부서지는 파도 앞에서의 추억

해변가 앞 화려한 폭죽처럼
나의 청춘도, 사랑도
아름답게 지나가 버렸다

이곳은
나의 기억 속 아름다운 향기로 남아
등대처럼 밝게 빛나고 있다

겨울바다는 헤어진 사람의 마음도
받아주더라

> 청춘도, 사랑도
> 아름답게 지나가 버렸다

겨울비 오는 밤

경적 소리 하늘을 울리는 밤
차창 너머로 빗물이 주루룩

누군가 나를 기다린다는 것은
추운 겨울비 가려줄
따듯한 우산처럼 따듯한 일

누군가 나를 바라본다는 것은
추운 겨울비 녹여줄
온수처럼 따듯한 일

밤은 깊어가고
정이 깊어가는 밤

젖은 몸으로 밤새우고
새벽동이 틀 무렵,
사랑의 열차는 식을 줄 모르고
달려간다

겨울비 오는 밤은
따듯한 밤

> 추운 겨울비 녹여주고
> 정이 깊어가는 따뜻한 밤

겨울산

큰 맘 먹고 집을 나선다
어둑어둑한 밤 한 걸음 한 걸음
내딛고,

봄순이 채 올라오기 전에
눈은 산을 덮어 따듯하게 이불을 덮는다

눈 온 뒤 푸르른 하늘에
종달새 웃으며 하늘을 난다

물소리 새소리 산이 주는 음악소리
듣다 보면 어느새 정상에 선다

이 하루가 온전히 겨울산에
스며들기를

겨울에만 볼 수 있는 겨울산에,
너 그리고 나

> 이 하루가 온전히
> 겨울산에 스며들기를...

겨울산행

추운 겨울 설렘 안고 떠난 여행
누가 되었건 나에겐 소중한 사람

어릴 적 소풍 가는 날처럼
뜬 눈으로 밤을 지샌다

한겨울 추위도 내 인생처럼 추웠겠느냐
오르막길을 끝없이 걷는다

청명한 하늘, 터질 것 같은 심장의 두근거림이
나의 건강한 마음이, 정신에 깃든다

겨울산행, 그 추위 속의 따듯함

> 겨울산행,
> 내 인생처럼 추웠겠느냐!

고독의 횡단보도

길을 나 홀로 걷는다
멍하니 걷다 보면 얼마 남지 않은 숫자를
마주하게 된다

그렇게 빠르게 걷다 보면 어느새
목적지에 다다를까 하면서
밝은 빛을 쫓아가다 보면
목적지가 코앞이다

일 등해서 얻을 게 없고
꼴등해서 잃을 것이 없다는 것을
깨달을 때쯤엔

인생의 신호등을 알게 된다
드디어 초록불이 켜졌다

"

일등해서 얻을게 없고
꼴등해서 잃을 것이 없다

"

고민

갈팡질팡 나도 나의 마음을 모르겠는데
너의 마음은 누가 알까

오르락내리락 하다 보면
시간은 눈 앞에 와있다

무엇이든 할 수 있을 거야
그게 바로 너야

> 무엇이든 할 수 있을 거야
> 그게 바로 너야

고추잠자리

아침이 온다는 것은,
따스한 햇볕이 나를 반겨준다는 것

오늘은 더 행복하자
오늘은 더 아름답자
다신 오지 않을 오늘을 위해

고춧대 위의 잠자리는
밖으로 날아갔다가
다시 제자리로 돌아온다

나의 하루도,
나의 인생도,

눈 한번 힐끗하고는
다시 제자리로 돌아온다

"

오늘은
더 행복하자

"

괜찮아져

시커먼 비가
검은 비가 내렸다
어릴 적 냄새가
치솟았다가 비가 되어 내렸다

끈적이는 미끈미끈한
검은 비를 쏟아낸 뒤

희미해진 빗줄기를 바라보다가
마음의 한숨으로
시간은 또 그렇게 흐른다

살아가다 보면
괜찮아진다

"
살아가다 보면...
괜찮아진다
"

그게 나다

쉬운 길 냅두고 어려운 길 택하는

나이를 먹어도 철이 들지 않는

배가 불러도 더 먹고 싶은

가까운 사람에게 표현 못하는

오늘을 열심히 살고
내일도 열심히 사는

그게 나다

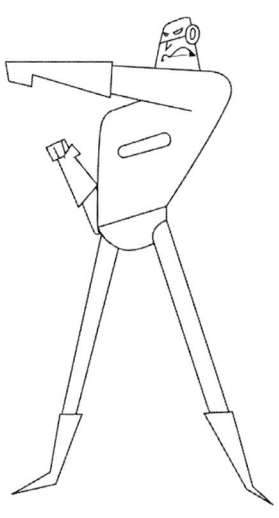

> 오늘도, 내일도 열심히...
> 그게 나다

그대를 생각하면

그대를 생각하면
꿈에서도 눈을 쳐다볼 수가 없습니다

나를 생각하는 마음보다
그대를 생각하는 마음이 더 커져서

하루 종일 너의 생각만 하다가
하루 종일 너의 사진만 보다가

그렇게,
그대를 생각하면

추운 날 따듯한 손난로같이
따듯하고 아름다운 마음입니다

> 꿈에서도 눈을 쳐다볼 수가 없습니다
> 그대를 생각하면...

그리운 사람

지우려고 할수록
선명해지는 사람

시간이 지날수록
아쉬워지는 사람

먼 훗날 다시
만나고 싶은 사람

나의 모든 것을 주고 싶은
눈에 밟히는
그런 사람

그대는 나에게,
저물어 가버린 황혼

> 잊혀지는게 아쉬워지는 사람
> 그대는 나에게 저물어 가버린 황혼

그리움

어릴 적 소꿉친구들에 대한 그리움
잊혀진 사랑에 대한 아련한 그리움

많은 그리움에 사무쳐서
내 마음 깊은 파도처럼
너울대다가,
잠 못 이루다가,

나도 누군가에겐 깊은 그리움

"
나도 누군가에겐
깊은 그리움
"

기러기

행복이란 무엇인가
행복을 위해
평생을 쉬지 않고 달려온
저 기러기는

갈 곳을 잃어버리고,
날개를 잃어버렸고,
어느새 늙어버렸다

마음껏 하늘을 날다가
세상의 끝이 보이거든
"아름다웠다"고 말하리

>
> 세상의 끝에서
> "아름다웠다"고 말하리

기억의 조각

어릴 적에 아버지와 밤 따러 갔던 길
물놀이했던 개울가 어렴풋이 기억이 난다

좋아했던 기억도
잊고 싶은 기억도
가슴속에 남아서

삶이라는 바닷가에서
수영을 하다가
상어도 만나고
문어도 만나고
거북이도 만나고
그렇게 살다가 보면,

기억 속 퍼즐의 조각들로
그림 하나가 완성된다

> 기억 속 퍼즐 조각들로
> 그림 하나가 완성된다

길고양이

길가에 걷고 있는 고양이는
배고픔을 잊은 채
밤거리를 배회하고 있다

마음의 상처가 채 아물기도 전에
친구들은 살기 위해 서로의 귀를
잡아 뜯는다

아픔도 잊은 채, 서로를 헐뜯다가
겨울이 되면, 서로를 껴안은 채
잠이 든다

그렇게 계절이 지나면,
상처도 꽃이 된다

> 계절이 지나면
> 상처도 꽃이 된다

깊은 상처

약을 발라도 낫지 않는 곳이 있다
깊고 굵은 상처 그 위에 나는 약을 바른다

새살이 돋을까
풀리지 않는 실타래는
풀려고 하면 더 꼬여버린다

시간이 지나면 상처가 되고
시간이 지나면 추억이 되고
시간이 지나면 꽃잎이 되어 날아간다

메울 수 없는 상처는,
그렇게 내 몸에 새겨진다

> 시간이 지나면 상처가 되고,
> 추억이 되고, 꽃잎이 되어 날아간다

까만 밤

세상이 어둡다고 욕하지 마라
내가 서있는 곳에도 그림자 드리우니

밤이 찾아와
또 다른 어둠이 드리워도
반드시 아침 찾아와

어둠 속에서 한 줄기 빛
영혼의 눈 뜨게 될지니

어둡다고 슬퍼하지 마라
세상 어둡다고
나의 마음까지 새카매지는 것 아니니

"

어둠이 드리워도
반드시 아침은 찾아온다

"

꿈

소파에 누워서 낮잠을 청했다
창문 밖에서 솔솔 불어오는 바람

바람을 타고 꿈에서
아름다운 집에서
아름다운 사람과
행복하게 살고 있다

나의 꿈이
나의 바람이
꿈에서 나왔나 보다

> 아름다운 집에서 아름다운 사람과 행복하게...
> 나의 바람, 나의 꿈

꿈 2

매일의 꿈을 그리고
현실의 벽화를 그리다가

꿈은 잘 때도
하루를 보내는 시간에도
나의 곁을 맴돈다

하늘에 큰 별 작은 별
각자의 위치에서
밝게 빛나듯

각자의 위치에서
누군가는 별이 되고
누군가의 꿈이 된다

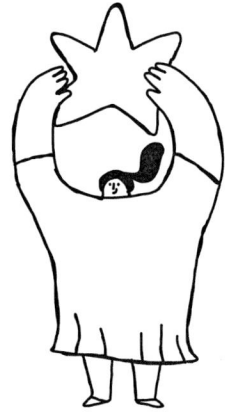

> 누군가의 별
> 누군가의 꿈

낙엽

낙엽이 바람에 진다
빙글빙글 그리고 나풀나풀
비행을 하다 샛노란 낙엽이 진다

손끝까지 붙잡아 보지만
제 할 일 다한 듯
뛰어가는 아이처럼
미련 없이 멀어진다

바람에 그리고 추억에
가을 하늘 연처럼 흔들리고 흩날리다가

가을의 추억은
어느새 앙상한 나뭇가지만 남아

낙엽은 따듯하게,
갈 때까지 이불을 덮어준다

추울까 이불 덮어주고,
조용히 잠드는 낙엽은
따듯하게 나를 감싸 안는다

"

바람에, 추억에 흔날리는 낙엽은…
따뜻하게 나를 감싸 안는다

"

너 떠나고

너 떠나고 난 뒤 나의 마음은
너를 만난 날 만큼만 힘들면 될까

괴롭던 시간들
사람은 사람으로 잊고 싶다가,
너와의 추억 아른거려 곱씹기로 했다

그대가 없는 거리를 걷고
그대가 없이 커피를 마시고

나 혼자서 조금씩 잊혀져 간다
너 없는 하루를 살며 변해간다

너 떠나고 난 뒤,
너에게만큼은 가장 이쁜
세상의 꽃을 주고 싶었다

"

너에게

세상에서 가장 이쁜 꽃을 주고 싶었다

"

노래방

수많은 멜로디 속
수많은 가사 노랫말에
내 목소리가

반짝반짝 빛나는 방에서
나만의 신청곡
나만의 멜로디

목놓아 부르고선
오늘만은 나도
가수가 되어본다

> 반짝반짝 빛나는 방에서
> 오늘만은 나도 가수

놀이터

놀이터에서 어린이들은
축구도 하고 얼음땡도 한다

놀이터에서 고양이들은
그늘 아래 숨어서
벌레들과 술래잡기를 한다

이른 오후 하루가 채 가기 전에
아이들은 시간 가는 줄 모르다가

밥때가 되면
어머니의 부름에
집으로 돌아간다

"
어린이, 고양이, 벌레도 시간 가는 줄 모른다
놀이터에서…
"

눈 오는날

함박눈이든 진눈깨비든 뭐가 중요하랴
하늘에서 눈 내리니 강아지 신나서
폴짝폴짝 뛰어논다

눈이 내 얼굴에 내려 녹아 없어지는 순간
마치 어렸을 적 문방구에서 사 먹던
아이스크림이 혀에서 녹는 듯이

하늘에 눈이 빗발치다가
온 세상 하얗게 물들이고는
금방 사라져 버렸다

내 첫사랑처럼 그렇게
사라져 버렸다

> 온 세상 하얗게 물들이고 사라져 버렸다
> 내 첫사랑 처럼 그렇게

눈

눈발이 나에게 달려드는 것이
그리 싫지는 않았다

금방 녹아 없어질 눈
나의 인생, 나의 하루

> 금방 녹아 없어질 눈
> 나의 인생, 나의 하루

눈사람

온종일 생각을 눈덩이처럼 굴렸다
차가움과 뜨거움이 만나
세상은 둥글게 둥글게 살라고 배웠고

궁금했다
왜 차가워야 뭉쳐지는지를
묻고 싶었다
왜 미소 지으며
안녕을 말해야 하는지를

언젠가 사라져버릴 너를 위해서
따스한 손으로
추억을 뭉치고 뭉쳐서
둥글게 둥글게 살아가련다

나에게 미소 지으며
사라져버린 너

> 추억을 뭉치고 뭉쳐서
> 둥글게 살아가련다

달팽이

아스팔트에 쉬고 있는 달팽이 한 마리
물 좀 주세요라고 하는 것인지
아니면 누군가를 기다리고 있는 것인지

작은 몸집 하나 둥글게 말아서
동굴 속에 숨어있다 보니
하늘에서 빗물이 내려와 등껍질을 적시고
그때가 돼서야 목을 축인다

나보다 너가 더 인내심이 많구나
나보다 너가 더 힘이 들었겠구나

소리가 없는 달팽이는
그림자 하나 없이 발자취도 없이
느리게 사라져버렸다

"
너가 더 인내심이 많구나
너가 더 힘이 들었겠구나
"

데자뷰

어릴 적 철없던 내 모습 바라보며

같은 공간 다른 나로 멍하니 서있다
시간은 흐르고 추억은 제자리에

우연히 그곳에서 또다른 나를
마주한다

작은 성냥개비처럼
내 한 몸 불태울 각오를 한 뒤,

과거의 내가 미래의 나에게
아무 말 없이 그렇게

> 시간은 흐르고 추억은 제자리에
> 아무말 없이 그렇게...

도당산 벚꽃

사월의 어느 날
나에게 벚꽃은
도당산 벚꽃 동산이 가장 아름답다

혹여나 일찍 필까
혹여나 늦게 필까
노심초사하며

떨리는 마음 가슴 안고
몽우리지며 만개할 때

내 마음 벚꽃에 담아
오늘은 너가 제일 이쁘다고
말했다

너가 지기 전까지
매일 오겠노라고
말했다

"
오늘은 너가 제일 이쁘다
"

두 번째 가출

문을 박차고 당당하게 집 밖을 나섰다
익숙한 것이 익숙해질 무렵
나에겐 그곳이 너무나도 싫었다

뻐꾸기시계의 건전지 수명이 다할 무렵
돌아가고 싶어질까
누군가 나를 원 없이 찾으면
그때는 돌아갈까

나 홀로 어두운 밤을 헤쳐 나간다
그 누구의 도움도 없이
젖은 담배에 불을 붙인다

힘없는 청춘의 나침반은
바람이 부는 데로 방향이 바뀐다

그렇게 둥지 속 어린 독수리는
혼자 비행할 준비를 마친다

> 둥지 속 어린 독수리는
> 혼자 비행할 준비를 마친다

들꽃

평범한 나의 하루가
다른 사람에겐 희망의 하루로

작은 바람에도 흔들리는 나이지만,
나 스스로의 다짐을 또 되새겨 본다

언젠간 시들어갈 꽃이기에
고개 숙이는 것이 아닌

새살 돋아나 다시 일어날 것을 알기에
꼿꼿이 오늘도 바람에 흔들리며

따스한 햇살 받으며
다시 일어선다

> 새살 돋아나 다시 일어날 것을 알기에...
> 다시 일어선다

때로는 과감해야 한다

과거의 내가
오늘의 나에게

쭈뼛쭈뼛 구멍가게에 아이스크림이
먹고 싶은 아이에게

성공과 실패의 기로에 서있는
너에게

할까 말까 고민하다가
안 했던 나의 청춘에게

때로는 과감해야 한다

> 할까 말까...
> 때로는 과감해야한다

러브레터

하늘에서 하얀 눈이 내린다
뽀드득 뽀드득 발자국 소리

눈들이 포근하게 세상을 뒤덮고
내 머리에도 하얀 눈이 내려앉았다

잘 지내시나요?
저는 잘 지내요

눈 내리는 저녁
먼 산 바라보며

부칠 수 없는 편지를
받아줄 사람 없는 편지를

내 맘속에 담아
하늘에 날려본다

> 잘 지내시나요?
> 저는 잘... 지내요

러닝머신

비가 주룩주룩
빗물이 창문 위에서 춤을 춘다

창밖을 보며 러닝머신 위에서
나도 춤을 추고 있다

사랑과 이별
실패와 성공
그 아슬아슬한 외나무다리

나는 그 위를 지나간다
춥고 외로운 길
어린아이 우숩게 뛰어가지만

오늘도 내일도
출렁이는 다리 위에서

미소를 머금고
나는 달린다

> 춥고 외로운 길,
> 오늘도 내일도 나는 달린다

맛있는 우박

하늘에서 얼음이 떨어진다

차가운 얼음, 빙수 아이스크림이
하늘에서 내린다

발길을 멈추고
하늘에서 떨어지는 얼음과자를
맛있게 눈으로 먹는다

한여름 무지개도 맛있고
늦가을 우박도 맛있다

계절이 맛있게 익어간다

> 한여름 무지개, 늦가을 우박…
> 계절이 맛있게 익어간다

메마른 언덕

물 없이 언덕을 올랐다
수많은 고통과 생각들로 가득 찬
나의 머리에는
거품이 가득 차 있었다

맥주 거품 같은 나의 마음과 정신으로는
그 누구에게 확신도 약속도 줄 수 없음을 깨달은 뒤
허망한 웃음이 흘러나왔다

메마른 언덕을 오르고 난 뒤
저미는 가슴을 안고 나는,
더 높은 곳을 바라보았다

> 메마른 언덕을 오르고 난 뒤
> 더 높은 곳을 바라보았다

모두 빛나는 별

이른 아침 출근길 참새가 분주하다
걷는 사람 뛰는 사람 각자의 하루로

시간은 야속하게도 빠르게 흘러간다

개미는 집을 짓고
매미는 여름철 목매어 울부짖으며

큰 별 작은 별 각자의 자리에서
반짝반짝 빛난다

분주한 서울 한복판
숨 쉴 곳 하나 마땅치 않지만

하늘에는 내 별 둘 곳 천지다
그곳에서 모두가 빛나고 있다

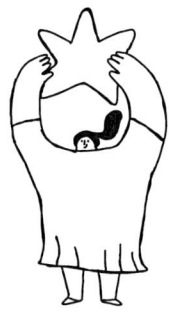

> 큰 별 작은 별
> 모두가 빛나고 있다

몰래

몰래 왔다가 갑니다
이 향기 이 소리 이 풍경
내 맘에 담고서,

밥을 먹고
여행하고

그대를 만나고
아이를 낳고

이 모든 장면을
내 눈에만 몰래
담아 갑니다

"
이 향기 이 소리 이 풍경
내 눈에만 몰래 담아 갑니다
"

문막에 오면

아버지의 고향 원주시 문막읍
이곳에 오면 아버지의 어릴 적
추억을 들을 수 있다

수십 년이 지났지만
이곳은 도시처럼
많은 곳이 바뀌진 않았다더라

어린 노루 새끼 힐끗이고 가는 시골집
모닥불 옆에 둘러앉아 도란도란 거리는,
그곳에서 추억의 한 페이지를

"
이곳에 오면...
추억의 한 페이지를 들을 수 있다
"

물

아침에 일어나 물 한 모금을 마신다
긴긴밤 코를 골며 지친 내 성대에 오아시스를

이른 아침 무심코 뒷산을 오르다가
흐르는 물에 발을 담가본다
정상에 다다라서는 물 한 모금을 마신다

어느 날 수족관에 물고기는
물속에서 헤엄을 치다가 잠이 든다
물은 산소와 같아서

하늘에서 내리다가 땅을 만나
햇살 받으며 다시
하늘로 돌아가는 과정에서
땅속의 나무들은 물을 머금고 나이테 한 줄 넓혀간다

물 없이 살 수 있는 생명은 없다
물과 산소는 인생의 빛이요
일생의 양식

> 물과 산소는
> 일생의 양식

민들레씨

누군가 나를 찾으면 바람이었다
내가 누군가를 찾을 때에도 바람이었다

내가 아무리 머무르려 해도
아무리 그대가 머무르려 해도
바람처럼 날아가 버렸다

삶의 시련이 올 때에도
삶의 행복이 올 때에도
그대는 함께였다

때로는 변화가 두려울 때,
짧은 바람이 불어와 나를 흔들 때면

하늘을 나는 민들레씨가
나를 반기고 있다

그렇게 또 민들레 씨는 곳곳에
내 마음을 심었다

> 민들레 씨는
> 내 마음을 심었다

바람개비

제각기 돌고 있는 바람개비
각자의 색깔로 빙글빙글 돌고 있다

한 걸음, 한 걸음,
그렇게 달려가다 보면
어느새 날아오를
바람개비

아이가 달려가며 보라색 바람개비를
하늘에 드리운다

아이는
저 하늘 끝까지 바람개비
드리운다

> 저 하늘 끝까지 바람개비
> 드리운다

종이비행기

어릴 적 친구들과
옥상에서 날리던 종이비행기

누가 멀리 날리나 내기하지만
그 종이의 종착지는 알 수가 없다

종이비행기는
어느 곳에서 날든
어느 곳에 떨어지든

아름답게 꽃 피우는 것

"

어느 곳에 날든, 떨어지든
아름답게 꽃 피우는 것

"

반계리 은행나무

가을 하늘 구름 뒤에 보름달이 떴다
구름이 아무리 크다 한들
한가위 보름달 가릴소냐

오늘만 같아라

반계리 은행나무는 사계절 보름달처럼
아름답게 빛난다

봄 여름 가을 겨울 할 것 없이
보고 있자 하니
나의 마음이 풍성해지고

내 마음에 담고 싶어도
천년의 기운 담을 수 없다

천 년동안 한 곳에 굳굳히 서있는
뿌리마저 장관인
반계리 은행나무

> 뿌리마저 장관인
> 반계리 은행나무

배 아퍼

출근길 운전 중에 배가 아프면
어떻게든 화장실을 찾아간다

그렇게 배 아픈 마음으로
성공을 위해 달려가자

오늘도 배 아퍼

"
성공을 위해 달려가자
배 아퍼
"

봄 밤의 풍경

차가운 도시의 밤 끝에 따수운 봄 내음이
아침밥 냄새처럼 다가옵니다

무지갯빛 네온사인 뒤로
내 눈빛의 사인을 보냅니다

한없이 작고 초라한 내 직선의
눈빛을 한없이 보낸 뒤

밝아지는 봄의 아침을
기다리겠습니다

> 밝아지는 봄의 아침을
> 기다리겠습니다

보름달 그늘아래서

홀로 남겨진 불빛 하나에서 나는

익숙해져 버린 무관심
습관이 되어 무뎌지고, 평범하게, 그냥 그렇게

희미하게

닿을 듯 닿을 듯 닿지 않는
예전의 기억들
칼 같은 맹세
불 같은 진리

가슴에 한차례 파도가 몰아친다

가끔은 나도 누군가의 꿈에 등장해서
외치고 있겠지

항상 그래왔듯이
변한 것 없듯이

홀로 남겨진 불빛 하나를 바라보며 나는
하루의 삶처럼 무뎌지고 무뎌지고

항상 그래왔듯이
변한 것 없듯이

그렇게 나는

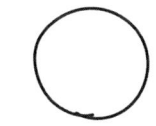

봄

봄바람 물고
날아든 제비의 둥지를
그대로 두었다

그렇게 봄이 왔다

> 그렇게 봄이 왔다

북한강 바라보며

산 그늘진 북한강 바라보며
강물은 한쪽 방향으로 미련 없이 흘러간다

강물에 돌 하나 던지니
어릴 적 아버지의 꾸지람의 물결이
파동을 치다가 사라진다

배 한 척 지나가고
어느새 물결은 잠잠해진다

산은 우직하게 그곳에 서서
시간이 멈춘 듯
나를 바라보고 있다

> 아버지의 꾸지람 물결이
> 파동치다 사라진다

불씨

나뭇잎 노랗게 물들고 떨어질 때쯤
무심코 밟은 낙엽 하나

모닥불 피워놓고 바람에 흩날리는 옷자락 부여잡고
따듯한 커피 한 잔 마시며 머리칼 날리운다

불길 하나 약해지면 장작 하나 집어넣고
불길 두 개 약해지면 나의 마음 집어넣어
불씨는 활활 더 타오른다

밤이 깊어져도
내 마음 식지를 않는데

가을비에야 꺼질 불씨
나의 마음, 그리고 너의 마음

"

가을비에야 꺼질 불씨
나의 마음, 그리고 너의 마음

"

비스킷

어젯밤은 이상하게 환해서 산을 봤더니
달이 둥그런게 올라오더라구요

그런데 평소와 달리 무언가 빠른 게
훅 올라가더니
벌써 머리 위에 와있는 거 있죠

배가 고파서 순간엔 비스킷으로 보이더니
사라지더라구요

갑자기 배신감이 들더라고요

내가 원하는 건 비스킷이 아닌데-
무거운 짐을 잠시 내려놓을 정거장이 필요한데

내 몸뚱이만큼이나 단순한 생각에
버스도 정거장도 없는 이곳에서

왜 하필 비스킷이 떠올랐는지
피식, 웃음이 나더라구요

"
순간에 비스킷으로 보이더니 사라지더라구요
갑자기 배신감이 들더라고요
"

비와 당신

툭툭 툭
우산을 썼는데 신발 젖는 소리

새로 산 흰 운동화
아끼려다 젖어버렸다

젖은 김에 그냥 다 젖어야겠다
너를 사랑하는 내 마음처럼

"
젖은 김에 다 젖어야겠다
너를 사랑하는 내 마음처럼
"

비포장

쉼 없이 달려온 길 끝에 다다른 시골길
풀냄새 꽃 냄새 너무 좋구나

하루 종일 떠들어도
낮에는 매미 소리에
밤에는 개구리 소리에
친구들 많구나

그렇게 친구들과
하루가 저무는구나

"
길 끝에 다다른 시골길
친구들 많구나
"

빨래

창가에 걸린 빨래처럼
하루를 살자

힘을 뺀 채,
바람과 햇살 맞으며

무거운 몸을
바람에 맡기다 보면

어느새 날아갈 듯
가벼워질 테니

"
바람과 햇살을 맞으며
어느새 날아갈 듯 가벼워질 테니
"

뼁메이스

아이스아메리카노
중국어로 뼁메이스카페이
한잔 주세요

무더운 날 뼁메한잔
그냥 주세요

시럽은 빼고

"
무더운 날 뻥메한 잔
"

산들바람

잔잔한 음악이 들려온다
이른 오후 산들바람이
내 머릿칼을 스치운다

가끔 이름 모를 어느 언덕에 오르면
바람은 나를 향해 무언가 말해준다

먼 산 위의 연은 별다른 노력 없이도
몇 시간 동안이나 하늘에 떠있었다

이름 모를 언덕에서 아버지는 아들에게
연을 만들게 해주었고
연을 날리게 해주었다

먼 미래에는 사라져 버릴지도 모를 이 언덕에서
산들바람이 나에게
아버지와 나의 실타래 속의 추억을 선물해 주었다

> 산들바람이 나에게
> 아버지와 나의 추억을 선물해 주었다

산책

늙은 노부부는
오르막길을 걷다가
평지로 들어 섰다

굳이 말을 하지 않아도
보폭이 맞지 않아도

방향만 같다면
나의 맘과 같다면

그렇게 매일 아침을
함께 걷고 있다

> 방향만 같다면…
> 나의 맘과 같다면…

상처는 꽃이 되어

강물을 거꾸로 오르는 연어는
고향으로 돌아가
제 몸 다 바쳐 새 생명으로 태어나고,

내 마음의 나이테는 한 해 한 해
갈라지고 터지며 단단해진다

긴긴 겨울 지나,
상처는 아름다운 꽃이 된다

> 상처는
> 아름다운 꽃이 된다

새벽 여섯시 반

하루가 끝나고
나에겐 새벽이 한창이다

너의 생각에 잠 못 이루는 밤
하고 싶은 말 한가득 안고
너의 생각만 더해지기를 여러 번

얼음장 같이 차가운 기억은
너를 더 생각나게 한다

좋았던 기억보단,
아픔의 기억이
너를 더 생각나게 한다

"

너의 생각만 더해지기를 여러 번
나에겐 새벽이 한창이다

"

새벽녘

고요한 밤
어둑한 밤 그늘 그림자 아래
내가 서있다

찬 공기 마주치는 어둑한 새벽

빛의 속도로 동이 트이고
오늘 하루를 내딛는다

그 고요한 첫 발자국
오늘의 첫걸음

> 그 고요한 첫 발자국
> 오늘의 첫걸음

셀카

사진을 잘 찍을 줄 모르는데,
셀카를 찍었다

얼굴이 뒤집혔다
눈 밑이 까맣다
주름이 많이 보인다

갑자기 조금은 슬퍼지지만

오늘이 내 인생에서
가장 젊고 아름다운 날

"

오늘이 내 인생에서
가장 젊고 아름다운 날

"

소나기

비가 내린다
어릴 적 힘들었던 내가
잠시 머물러 갈 수 있게

비가 내린다
치열하게 살고 있는 내가
쉬어갈 수 있게

비가 내려야
집으로 들어갈 수 있다
비가 내려야
쉬어갈 수 있다

가끔은 비가 그립다

> 치열하게 살고 있는 내게
> 가끔은 비가 그립다

소나무

날쌔게 지나가는 차들
흩날리며 떨어지는 비

영원할 것 같았던 나의 청춘의 미련을
가뭄의 비처럼 질척이지 말자

나만의 운치로
나만의 분위기로
멋지게 날갯짓 하자

저기 멋진 소나무처럼
굵은 빗방울 당당히 감내하는
아름다운 풍치로 남자

"
굵은 빗방울 당당히 감내하는
저기 멋진 소나무 처럼
"

소주 한잔

밝은 초승달이 혼자 슬퍼 보여서
한잔

핸드폰에 비친 내 모습을 보고
한잔

지나간 그녀와의 추억에
한잔

끝없는 술을 뒤로한 채
아침이 밝아오면
미련 걱정 아픔 잠시 잊은 채
잠이 든다

그렇게 다난했던 하루도,
지나간다

> 한잔, 한잔, 한잔
> 그렇게 지나간다

술

성인이 되어 한잔
일이 고달퍼서 한잔
친구들 만나서 한잔

썼다가 달았다가
슬펐다가 즐거웠다가

시간 괜찮다면, 오늘도 한잔

> 시간 괜찮다면
> 오늘도 한잔

시

하늘을 나는 새처럼 자유롭고
날마다 새로운 느낌으로 다가오는

소리가 있고 인생이 있고
역동적이고 아름다운,

시는 나의 마음
가까이에 있습니다

"
날마다 새로운 느낌
시는 나의마음 가까이에 있습니다
"

시간의 영면

내 마음대로 되는 것이 있었던가
흐르는 강물을 바라볼 순 있어도
흐르는 강물의 방향을 바꿀 수는 없었다

나의 마음이 아무리 너라고 해도
너의 마음까지 바꿀 수는 없었다

우산이 없이 날아가는 새는
막을 수 없는 빗물에 몸을 숨기고

거스를 수 없는 세월의 흐름에
나의 몸은 점점 무뎌지지만,
나이가 들어 나이테가 쌓이듯,

세월은 흐르는 대로
그렇게,

시간은 망설임 없이
미소를 남기며 영면에 든다

> 세월은 흐르는 대로
> 그렇게...

시골

나무 탄 냄새 가득한
하늘을 날던 벌레도 잠시 쉬어가는

도시에서 나지 않는
시골 그 냄새는

나도 모르게 넋을 놓았다가
어느새 그리움으로 남아

떨어지는 낙엽처럼
아쉬움으로
그리움으로
그렇게 향기로 남아

"
시골 그 냄새는
그렇게 향기로 남아
"

시골밤

소쩍새 우는소리 들리는 밤
구멍 뚫린 창호지 사이로 누런빛이 새어 나온다

구슬픈 밤 울다 지쳐 잠이 든
아이를 바라보다가 잠이 들었다

엄마의 가슴품에 안겨
잠든 모습을 보니,
하루 종일 떨어지기 싫은가 보다

따듯한 엄마품이 좋아서
응애응애 우나보다

> 소쩍새 우는소리 들리는 밤
> 구슬픈 밤 울다지쳐 잠이 든 아이

시절인연

바람 부는 어느 날 누군가를 만났다면
보통의 인연은 아닌 것

작은 관심하나에 위로를 받고
그 작은 관심이 나에겐 잊지 못할
추억의 그리움이었다

시간이 지나면 더 선명해지는
아름다운 추억

그 추억은 아랫목처럼
따듯하게 빛난다

그 시절 그 인연은
나의 마음 한켠에서
한평생 은은하게 빛난다

> 시간이 지나면 더 선명해지는
> 아름다운 추억

심쿵

너라서 좋다
나만 바라봐 주는 너라서

너라서 좋다
내가 뭘 하든 좋아해 줘서

너라서 좋다
시간 지날수록 더 좋아져서

너라서 좋다
너와 함께 밥을 먹을 수 있어서

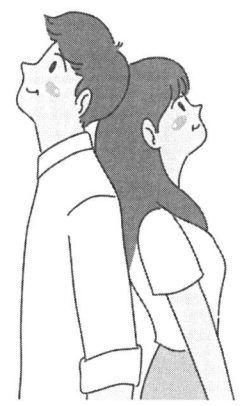

"
너라서 좋다
"

아기 종달새

새가 날다가 떨어졌다
힘겹게 숨을 쉬는 새는
나의 앞에 누워서
허공에 날개를 퍼덕이고 있다

살고 싶은 것인지
날고 싶은 것인지
잠깐 쉬고 싶은 것인지

나의 차가운 물도 외면한 채
아침이슬 한 모금 머금고서는

빛의 속도로 날아가 버렸다

공활한 가을 하늘 아래에서
나의 마음 뒤로하고
바람처럼
떠나버렸다

> 나의 마음 뒤로하고
> 바람처럼 떠나버렸다

아름다운 꽃

아름다운 꽃
그 꽃은
아름다운 향기와
아름다운 울림과
아름다운 소리로
내게 다가왔다

나는 벌 그대는 꽃

너를 보았던 어제로,
너를 볼 수 있는 내일로,

나만 보고 싶은
나만 알고 싶은

아름다운 꽃

"
나는 벌
그대는 아름다운 꽃
"

아버지

나 키워주신 아버지
이제 백발이 되셨네

나보다 굵었던 팔뚝이
많이 야위셨다

눈 오는 날 아들 대학까지
트럭으로 바래다주시던

눈 오는 날 아버지 업고
동네 한 바퀴 거닐다가
우연히 할아버지와 손잡고 걸었던
놀이터를 지나간다

작은 모래알 한주먹 쥐고
삼대의 추억을 마주한다

가을밤 추석도 아닌 날에
시린 마음 부여잡고
오늘 하루 함께 영글어 간다

"
이제 백발이 되셨네
나의 아버지
"

아프지마라

추운 겨울 서리가 문틈에 서려도
아프지 마라
무더위 속 폭염 열대야에 잠 못 이루어도
아프지 마라

나의 몸은 나의 것만이 아니니
한집의 자식, 한집의 가장,
한 직장의 구성원으로

세상에 나의 둥지 하나
나뭇가지 하나하나 천천히 올리어
둥지 하나 만들면,
아름다운 새 한 마리 날아올 터이니

아프지 마라

"
아프지 마라
"

어두운 밤

밤은 빛을 찾아가다가
느리게도 빠르게도 흐른다

밤이 짧았던 적도
밤이 길었던 적도
밤이 없는 곳도
하루 종일 밤인 곳도

그렇게 흐르다 보면
목적지에 다다른다

어둠이 끝나고,
동이 튼다

> 흐르다 보면…
> 어둠이 끝나고 동이 튼다

어쩌면

하루가 짧게 느껴지는 오늘
누가 됐던 나에겐 소중한 사람

내 눈물 모아 짙어진 마음
한구석에 담아

바람에 실어 보내면
어쩌면 닿을지도 몰라

침묵하며 날으는 새처럼
너에게 닿을지 몰라

"
너에게 닿을지 몰라
어쩌면...닿을지도 몰라
"

여행

행복을 수놓은 여행길
창밖의 풍경마저 아름답다

간판도 없는 호수가 보이는 그 집에서,
닭백숙 한 그릇과 따뜻한 커피 한 잔

오늘의 해는 말도 안되게
짧게 비추고 들어갔다

나만 바라봐줄 것 같은
그녀와의 하루

너라는 세상에서
매일 여행하고 싶은
그런 사람

"
너라는 세상에서
매일 여행하고 싶다
"

오늘

보글보글 된장찌개
아름다운 오늘의 향기

목적이 있는 하루의 시작은
가야 할 길이 명확하다

고단한 하루,
어제의 나를 잊고
미래의 나에게 용기를

과거의 나는 가고,
오늘의 내가 간다

"
오늘의 내가 간다
미래의 나에게 용기를…
"

유채꽃 돌담길

제주도 돌담길
유채꽃이 아름답게 인사한다

나의 흔들림을 억지로 멈추려 하지 마라
있는 그대로가 가장 아름다운 것이니

고향의 파도 소리 기억하고
봄이 되면 날아오는 철새처럼

살랑살랑 바람 타고
거친 바닷바람 견디며 날아와

유채꽃 돌담길에서
긴긴 비행의 끝에,
봄의 새싹을 틔운다

> 유채꽃 돌담길에서
> 봄의 새싹을 틔운다

이별

이별을 했다.
눈물이 툭
내 가슴 미어지지만

공허한 마음에
만났던 날 만큼이나 아픈 마음의 폭풍이
흘러간 후에서야 비워지는 나의 마음

또 누군가를 위해
비워두었다

> 이별을 했다
> 눈물이 툭

이빨과 피와 땀

이가 시리도록 아프던 날에
치과에 갈 돈이 없었다

그 피가 나는 잇몸이 시릴 무렵
가족의 아픔과 시련이 어금니에
알알이 박혀, 서려있다

피범벅이 땀범벅으로 바뀔 무렵,
어릴 적 소풍때나 먹던 김밥 정도는
우숩게 먹을 수 있던 그 무렵에

또 다른 고통이 나를 삼켰다
인간의 수명은 짧다
밥을 많이 먹으면 배가 나온다
어릴 적 그 피 맛은 땀과의 합이 좋다

> 어릴 적 그 피맛은
> 땀과의 합이 좋다

입영열차

내 마음 닿을까 두려워
맘고생 하기를 여러 번

내 마음 속 편지 너에게 실어 보낼까
생각하면서도,

입영열차는 야속하게도 내 앞에 다가온다

우연히 걸었던 한강에서,
옷깃만 스쳐도 행복했던 그 시간
내 마음속에 고이고이 접어두고

먼 훗날 만나거든
인사 한 번 합시다
그거면 돼요

> 입영열차는
> 야속하게도 내 앞에 다가온다

입추

한여름 뜨거운 햇빛 아래에서
아스팔트 아지랑이 위에서
각자의 여름과 가을로
향을 피우고 있다

너는 누구냐
너는 누구냐

여름 가을 그 중간 속에서
벼는 인사를 한다

그렇게 가을 냄새로
물들어 간다

"
너는 누구냐
벼는 인사를 한다
"

있는 그대로

가을볕에 마른 살구나무 가지를 그냥 두었다
그곳에 지나는 새 한 마리 앉아 쉬어 가기에

길을 걷다가 멀리서 흘러나오는 음악을
따라가 보았다

그곳엔 어릴 적 나의 아버지가
즐겨듣던 음악이 흘러나와서
그렇게, 한동안 발걸음이 멈추었다

시간은 흐르지만,
익숙해진 나의 마음은
먼 곳에서 바라보아도 한결같다

계절이 바뀌어도
내가 사랑하는 사람
내가 사랑하는 음악
내가 사랑하는 나무는,

있는 그대로 두었다
있는 그대로의 너가 아름답기에

> 있는 그대로의 너가
> 아름답다

즐거운 인생

길을 걷다가 마주친 그 길은
나의 길일까요 올바른 길일까요

한참을 주저한들 가봐야 알겠지요

멍하니 하늘을 바라볼 때에도
너무 힘이 들어 목 한번 축일 때에도

좋은 사람과 좋은 곳에서
좋은 경험만 할 수 있기를,

그것이 즐거운 인생

> 좋은 사람과 좋은 곳에서
> 좋은 경험

지평선

아무것도 보이지 않는 길
저 지평선 너머엔 무엇이 살까

뉘엿뉘엿 넘어가는 해는
아쉬움만 더하다가

어둠이 찾아왔다

> 저 지평선 너머
> 아무것도 보이지 않는 길

지하철

바쁘게 달려가는 하루의 시작과 끝에
수많은 사람 등에 지고 달려가는 지하철

많은 사람들 몸에 싣고
수천 번 흔들리지만

행복한 마음으로
오늘도 너에게
내 가슴의 문을 연다

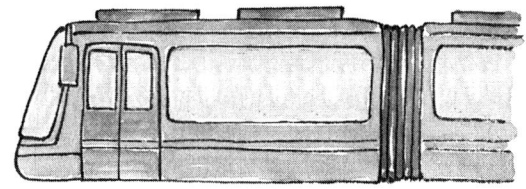

> 오늘도 너에게
> 내 가슴의 문을 연다

집밥

아들에게 엄마의 집밥은
다정한 위로

엄마에게 자식의 미소는
또 다른 나의 분신

비 오는 날 문득
엄마가 떠오르는 날 문득

온몸이 젖어 갈 곳 없는 밤
따듯한 엄마의 집밥

이제는 먹을 수 없는
엄마의 집밥

> 따듯한 엄마의 집밥은
> 다정한 위로

천국으로 가는 버스

맑고 청량한 하늘에 얼음장같은 바람이 분다
한겨울 청명한 하늘 위에는 누가 살까
구름 위를 나는 비행기는 말이 없다

빙글빙글 돌아가는 지구는 아무 말 없이
태양을 중심에 두고 달려간다

한여름 뜨거운 태양도
한겨울 차가운 바람도
어차피 시간 지나면 돌고 돌아
이마에 나이테 한 줄 긋고서

각자 서로 다른 길을 걷다가
천국으로 간다

돌고도는 버스의 손잡이를 꼭 붙잡고
천국으로 간다

> 돌고도는 버스의 손잡이를 꼭 붙잡고
> 천국으로 간다

첫사랑

아직도 그 곳에 살고 있었다
아직도 벚꽃 피는 그 거리 걷고 있었다

가끔은 마음 한켠에 벚꽃처럼 피워오르는
향기가 아련할 때쯤

묵언의 소식,
그리고 길을 걷다가 우연히 마주치는
기적이 일어나기도 한다

그렇게 아련하게
봄의 벚꽃처럼 내 맘속 향기로
스쳐 간다

"
아직도 그 곳에 살고 있었다
봄의 벚꽃처럼 내 맘 속 향기로
"

청춘

불같았던 나의 사랑 나의 청춘
눈뜨면 아침이었고 눈 감으면 밤이었다

일 년이 하루처럼 십 년이 일 년처럼
하루는 일 분처럼 그렇게

세월이란 시간은 청춘에 멈춰서
나의 마음을 아련하게 한다

다시는 돌아오지 않을
청춘의 시곗바늘
그 곳에 멈춰버리고 싶다

> 멈춰버리고 싶은
> 청춘의 시곗바늘

총알택시

바람맞으며 오늘도 목적지를 항해하며
앞으로 달려간다

누군가에게는 첫사랑의 장소
누군가에게는 출근길
누군가에게는 아픔의 기억

그 곳을 매일 지나친다

잠깐의 시간이 지난 뒤,
오늘의 목적지에 도착한다

"
누군가에게는...
그 곳을 매일 지나친다
"

치킨의 유서

양지바른 곳에 묻어 주십시오
한 군데에 쌓아 주십시오

겹겹이 쌓이는 시체들의
묵언의 말들이 산더미처럼
쌓여갈 무렵

한 생을 마감한 그대가
어딘가 모를 박스에
뼈 마디마디 쌓여갑니다

> 한 군데에
> 쌓아 주십시오

친구

어릴 적 내 친구 많이 늙었네
얼굴만 늙었지 사람은 똑같네

우리 일 년에 한번은 소주 한잔 하자
우리 일 년에 한번은 같이 여행 가자

힘들 때만 찾지 말고
즐거울 때 더 찾도록 하자

언제 어디서든
잘 되기만을 바라는 너의 친구가

"

언제 어디서든
잘 되기만을 바라

"

친구사이

철없을 적 동네를 거닐다
서로의 꿈을 묻고
각자의 길을 걷다가
아이를 낳고 밝았던 날도
어두웠던 날도 지나서
술 한 잔 기울이려 만나면
사는 이야기
힘든 이야기 나누다
잘나가는 놈의 술 한 잔이
그렇게 위로가 된다
우리는 친구사이

> 사는 이야기, 힘든 이야기 나누다
> 우리는 친구사이

카운터펀치

마법처럼 적재적소에 상대방을 쓰러뜨리는
카운터펀치

끝없는 용기와 지혜로 어둠을 헤쳐나가며
짧은 인생의 선택과 집중 그 사이에서
나의 펀치는 상대를 적중시킨다

인생이라는 터널에서 빛을 볼 날이
반드시 찾아온다

그날까지
렛츠 죤버!

> 인생이라는 터널에서 빛을 볼날
> 그날까지 렛츠 존버!

커피

그라인더에 커피가 갈린다
덩어리가 조각되어
조각이 가루되어
검은 흙물이 투명한 물을 어지럽힌다

누군가에겐 잠을 깨우고
누군가에겐 여유를
누군가에겐 우아한 하루를

달콤하고 쌉쌀한
추운 날, 더운 날에도

은은한 커피향
그 향기는 아름답다

> 은은한 커피향
> 그 향기는 아름답다

탄생

비틀비틀 힘겹게 일어나는
아기 낙타

태어날 때는 너 마음대로
태어난 게 아니지만

이제부터 너 마음대로
세상 살아보렴

"
너 마음대로
세상 살아보렴
"

태백 크리스마스

샛노란 조명 아래에 눈이 흩날린다
따듯한 카페 안에는 캐럴이 흘러나오고

수많은 나무들은 눈옷을 입고
곧곧히 그곳에 서있다

해발 650m 고원 분지에 자리 잡은
태백시에 가면

눈이 흩날리는 화이트 크리스마스를
만날 수 있다

하늘과 맞닿아
하늘에서 눈 내리는,

태백산 눈꽃 바라보며
메리 태백 크리스마스

> 태백산 화이트 크리스마스
> 메리 태백 크리스마스

터널

어두운 길의 끝
보이지 않는 길의 끝
눈앞의 신발만 보고 달리자

희미한 한줄기 빛
그곳에도 천국은 없다

한눈팔지 말고 크게 숨 쉬자
새벽 네시에도 불 켜진 집은 있다

힘든 산도 오르면 다시 내려간다
무너지지 말자

내가 뱉은 말이 현실이 되는
그 날까지
빛은 계속 내리쬔다

> 무너지지 말자. 달리자
> 빛은 계속 내리쬔다

파도

메마른 마음에 바람이 불어
하늘에서 비가 내립니다

나는 흔들리지 않아요
하루의 끝에 나의 발자국을 남기고
아쉬운 마음 숨기고 오늘도
파도는 숨을 죽입니다

햇살은 매일 나를 비추고
나는 어둠 속에서 그대를 기다립니다

너의 익숙함에 취해
오늘도 기다립니다

나는 알 수 있어요
돌아오지 않는 그녀를

한차례 몰아치는 파도처럼
내 마음 부서지고
시간이 흐르면 잔잔해질 것을

> 몰아치는 파도처럼
> 내마음 부서지고 잔잔해 질 것을

파랑색 풀

다 자란 풀들이 술렁인다
바람 때문일까
어젯밤 개구리 울음소리 때문일까

초록의 풀들은 어느새
푸르른 색으로 변해버렸다

사람들 가까이에서
흐르는 실개천 가까이에서
나도 잘 자라나고 싶다

때로는 암벽 위의 시원한 빙벽처럼
파랗게,
시원한 사람이 되고 싶다

> 파랗게,
> 시원한 사람이 되고싶다

평온

따스한 햇살 나를 비추고
내 마음의 심장박동이 빠르게 뛴다

학원에 가려는 아이는 아버지 차에서 내려
유유히 사라진다

지나는 차 걷는 사람 뛰는 사람
같은 시간 속에 다른 생각들

언제인지 기억나지도 않는 과거의
첫사랑에게 연락이 왔다

그렇게 무던한 하루에 작은 꽃이 피어
그렇게 또 일 년이 흘러
다른 해의 같은 날을 마주치고

그녀의 그림자마저 그리워지는
그런 날에 문득,
길었던 여름은 가고
가을이 왔다

> 햇살이 나를 비추고...
> 길었던 여름은 가고 가을이 왔다

폭우

하늘이 울었다
평소와 다르게

거세게 몰아쳤다
굵은 빗방울이 바닥에 내리쳐
발목이 어느새 잠겼다

거센 울음이 그친 뒤
맑은 하늘이 비추었다

빗물이 채 마르기도 전에
맑은 하늘은
무지개를 비추었다

> 거센 울음이 그친 뒤
> 맑은 하늘은 무지개를 비추었다

하루살이

어느 밤 주황빛 아래에 몸을 숨겼다
무수히 많은 먼지들이 火하는 장면을 보았다

불을 향해 달려가는
허망한 비행

먼지 같은 것들
반복적인 날갯짓 뿐

이슬 맺히며
후회의, 죄의식의 회색빛이 떠오르는 때

먼지 같은 것들
비행의 끝에는 더러운 주검 뿐

희미한 불빛을 쫓는
허망한 비행, 그 하찮은 날갯짓의 끝을 보다

내일은 어두운 밤이 오길
허망한 비행도
술도 담배도 죄도 이슬도 후회도 없는

모든 것을 감싸줄 햇살보다 따뜻한 밤이 오길

"
어두운 밤이 오길
모든 것을 감싸줄 밤이 오길
"

해우소

화장실에 앉아서
하루를 돌아본다

해우소 나만의 공간에 앉아
소음도 질투도 시기도 없는 이곳에서
오늘 하루의 한숨을 내뿜는다

오늘의 고단함이
버튼 하나로
사라져 버렸으면

아무 말 없이 그렇게
소용돌이 안으로 걱정근심
사라져 버렸으면

> 버튼 하나로
> 소용돌이 안으로

행복

평생을 쉬지 않고 달려온
저 기러기는

제 보금자리에서
어느새 늙어버렸다

배 고프지 않고,
잠 잘 곳 있고,

나를 보살펴줄 한 사람이 있다면
그게 행복

"
나를 보살펴줄 한 사람
그게 행복
"

행복 2

오늘이 왔네요
내일은 더 따듯할 거예요

행복은 나에게
가까운 곳에 있습니다

"
행복은
가까운 곳에 있습니다
"

행복한 사람

가끔 술 한 잔 기울여줄 친구가 있다는 것

사랑하는 사람과 커피 한 잔 할 수 있다는 것

따듯한 어머니의 밥 한 끼 먹을 수 있다는 것

추운 겨울 따듯한 집 있다는 것

나는 행복한 사람

"
나는
행복한 사람
"

헬스장

헬스장에 왔다
나만 힘든 건가 생각하다가

초라한 내 몸을 보고 다시 한번
주말에 마신 술 생각에 다시 한번
옆에 앉은 고등학생 몸을 보고 다시 한번
그렇게 운동복은 땀으로 젖어 간다

철 좀 들라던 어머니의 말씀
어머니 철은 매일 들어요

헬스장에서
그렇게 오늘도 나는
철 든다

"
어머니
철은 매일 들어요
"

호롱불

빨주노초 파남보
무지개색을 띠는 호롱불 같은 너를

혼자 좋아하고
혼자 기다리고
혼자 미워하다가

호롱불 같았던 나의 사랑이
너무 좋아서 식어버렸다

어쩌면 내가 스스로
호롱불을 껐는지도

> 혼자 좋아하고, 기다리고, 미워하다
> 꺼버린 호롱불같은 사랑

화목한 가정

나의 어릴 적 꿈
엄마 아빠

한겨울 추워지면 새벽같이 일어나
이불 덮어주시고

종일 굶다가
퇴근길 검은 봉다리
오순도순 앉아서 먹던
냉동 삼겹살

여름이면 시골 할머니 집 앞
계곡에서 새우깡 빠뜨렸던 추억

추억은 기억으로
기억은 가슴으로 남는다

가슴속 한켠에 모두가 별이 되어
반짝 빛나고 있다

내 마음 별빛 가득한
나는 행복한 사람

> 나의 어릴 적 꿈
> 엄마 아빠

카운터 펀치 [개정증보판]

저 자	박 남 규
발 행 일	2024. 11. 26
출 판 사	도서출판 애플북
I S B N	979-11-93285-53-4 (03810)
발 행 처	도서출판 애플북

이 책은 저작권법에 따라 보호받는 저작물이므로
무단 전재와 무단 복제를 금지합니다.